Keeder

„Oba, wenn du jetzt net ball was eschd,
bischd du uff ämol noch de neggschd!"

Die Läwensluschd vum Ludwisch, die war
fort,
sei treuer Keeder war gestorb.

Dehäm war das kem äänerlää:
„So enner krieh ich kenner mä!

Er hott die ganz Zeit Haus un Hof
beschitzt,
de Fremde Mut hott nix genitzt.

Un er war so e treui Seel,
er fehlt mer, do draus mach ich kä Hehl.

Ich bin zu alt, ich hann´s verstann,
ich will a gar kä Hund mä hann!"

Sei Erna war no fuffzisch Johr,
gestorb an Krebs un is schun vor.

De Hund wars, wo die ganze Zeit,
hott Kraft un Sinn ihm geb bis heit.

De ganz Bagaasch war schließlich klar:
De Lui is nimmie, wie er war!

De Vadder mänt: „Der will net mäh,
dann losse mer ne äwe geh!

Sei Määnung gebbt noch ebbes her!
Geistisch kriet der noch die Kehr!"

Es Kaddche hott fer sich erkannt:
Sie nemmt die Sache in die Hand!

Dass se im Lui sei Liebling is,
hott´s jingschde Enkelsche gewisst!

Die Leesung war fer sie net schwer:
E neier Keeder, der muss her!

Sie hott am Alt erumgeschafft,
doch der hat sich net uffgerafft.

„Kaddche, ich dank der fer dei Mieh,
e Keeder krie ich kenner mie!"

Es half kä Bitte un kä Zucke:
„Ich muss allä no Hundcher gugge!"

Gesaat, gemacht! Zwää Orte weiter,
gab´s e frischer Wurf, e ganz gescheider.

Mem Fahrrad isse hiegefahr,
hott a de Eltre nix gesaa.

„Gun dach, Herr Lang, kannschd Du mir
die neie
Keederscher vielleicht mool zeie?

Weil du´s bischd Kaddche, awwer fix,
bin uffem Sprung, un gugge koscht jo nix!

Die Keederscher, die warn grad satt,
un ware dementsprechend platt.

Kreiz un quer han se iwwernanner gelää,
zehle konnt die Kenner mäh.

„Ach Gott, wie viele sinn das dann?“
„Elf Weibcher un ä junger Mann!“

„Dange, Herr Lang, awwer vun denne
Päns
gefallt mir un im Lui net äns!

Mit denne is glaab net viel los,
wies aussieht, dun die penne bloß!“

De Lang is grad mem Audo fortgefahr,
do werd es Kaddche was gewahr:

Sie heert was wiffe un was waffe,
do macht sich was im Stroh zu schaffe!

Jetzt kommt was Kläänes uff sie zu,
sie merkt es glei, es is de Bu!

Es Schwänzje senkrecht uffgestellt,
vor Frääd gewedelt un gebellt!

Sie hat sich runner zum gebeicht,
do hat er ihr die Poot gereicht!

„Ach, mei Herz, bischd du so goldisch,
ganz genau so änner wollt ich!"

Ihr Entschluss, der stand jetzt fescht:
„Iwwerzeiche muss ich noch de Reschd!"

Mem Preis, do war mer sich schnell
äänich,
die Eltre ware do net kläänlich.

„Hogg ne in die Stubb eninn,
es soll e Iwwerraschung sinn!"

Es is komm, wie´s komme muss:
De Oba kriet ins Herz e Schuss!

Der Klää is annem hochgehupst,
un hat ne mit de Noos gestupst!

Un eh de Lui de Schuss geheert,
do wars schun um ne bassiert!

Der Oba, der war voller Frääd,
die Lääwensluschd, die war nie weg!

„Was Bessres hätt mer kenne net bassiere:
Komm, Keeder, mer gehn jetzt spaziere!

Do drauß mach ich a kä Hehl:
E neier Keeder is e neui Seel!"

Die Geschischd vun de Palz

Kapitel äns

In de Eiszeit war die Palz, die alt,
voll vun Schnee un bidderkalt!

Die Höhlepälzer hoddes schwer,
mit Höhleleeb un Höhlebär.

Sie ware stännisch uff de Hut,
dass se Känner fresse duut!

Un hosche mol net uffgebasst,
hott dich sofort de Leeb gefasst!

Die erschde Pälzer sinn do schunn
uff die Idee mem Feier kumm!

Es macht warm un naachts aa hell,
wie mers omacht, lernt mer schnell.

Jetzt konndsche gä de Leeb dich wehre,
un ne sogar gebroot vezehre!

Brennts Feier in de Höhl so schää,
vermehrt mer sich un werd schnell mää!

Die Höhl war mit de Zeit zu eng,
die Junge hann dann kriet die Fäng!

Ganz egal, wie die aa fluche,
sie misse sich was Neies suche!

Sie hodde sich dann erschd beschwert,
un´s dann wo annerschder proweert.

Die Höhle ware all besetzt:
„Ei, was mache mer dann jetzt?

Meer brauche ebbes fer se hause,
fer drin se schloofe un se mause!“

Do hann se sich e Höhl gemach,
mit offedriwwer emme Dach.

Un middedrin, mer muss se loowe,
e Abzuch fer de Raach vum Owe!

Uff Jachd ginge se all Gebott,
die Raubdier warn ball ausgerott.

„Was mache mer jetzt mit de Waffe?
Mer friemeln um se, fer se schaffe!

E Stang, wo Hingele druff gackere,
e Plugg, do duun mer dann mit zaggere!

E Hitt, do wo die Keeder belle,
e Beilche, fer die Bääm se fälle!"

Do druff warn se besonnerschd stolz,
sie hodde immer genung Holz!

Die Eiszeit war dann ball vorbei,
es Eis war weg, de Bodde frei!

De Urpälzer hott sich gefräät,
un hott glei fleißich Frucht gesäät.

Es war fer allegaa genung,
uff ämol sinn die Kelte kumm!

Die hodde sich do brääd gemach,
un rammesiert de ganze Daach!

Am Oofang gebbt´s zwar Ungemach,
doch ware die vum gleiche Schlaach!

Die Völker ware beide stolz,
un sin mitenanner verschmolz.

Es Ergebnis vunn denne Verschmelzer,
das ware dann die erschde Pälzer!

E ganz besonnerer Schlaach vun Leit,
un denne Schlaach gebbt´s aa noch heit.

Bis dohie war de Weg noch weit,
meer reise nochmol durch die Zeit:

Kapitel zwää

No de Eiszeit un de Kälte,
hann in de Palz gewohnt die Kelte.

Die hodde schun e Stall voll Gödder,
fer Friede un fer Dunnerwedder.

Belenus un Belisama,
Grannus un Brigantina.

Un die Fürschde un Druide,
beroode iwwer Kriesch un Friede.

Vun de viele Gallierstämme,
du nur einische ich nenne:

Ambrone, Averner, Atrebater,
Bojer, Häduer un Gater.

Nervier, Rutener un Nemeter,
Sequaner un aa die Helveter.

Un wie die all die Palz gesieh,
hann se gesaat: „Do muss ich hie!

Die Palz, die will ich nur fer mich,
Un machsche dumm, dann gebt´s halt
Kriech!"

Also hann se sich nonschdobb,
um unser schäänie Palz geklobbt!

Das hott sich schnell erumgesproch,
die Reemer hodde Lunt geroch!

Sie saan zum Cäsar: „Unser Bu,
geh du mol hie un sorch fer Ruh!

Un wann de schunn emol debei bisch,
saa ne: Do bin ich un do bleiwisch!"

14

Er hott ganz Gallie un die Palz verheert,
doch die Pälzer hodde sich gewehrt!

Sie hann ne korz vorm Rhein gestoppt,
unnem schää de Belz verkloppt!

Er is dabber hääm in sei Senat,
un hat denne sei Leid geklaat:

„Bevor die Pälzer mich verfolche,
loss ich mich vun eich erdolche!"

De Auguschdus hodder adopdeert,
dem hott jetzt die Palz geheert.

Palatin is enner vun siwwe Hiwwel in
Rom,
do hott die Palz de Name devon.

De Varus, der hott nix kabeert,
un is iwwer de Rhein marscheert.

Die Germane midde in de Nacht,
hann sei Legione platt gemacht.

Auguschdus plärrt mit groß Gezidder:
„Gebb mer mei Legione widder!

Die Sach brecht meer noch es Genick:
Sofort iwwer de Rhein serick!

Vor Sorje werr ich schun ganz faldich,
egal, was kummt, die Palz behall ich!

Mei Palz, die gebb nimmi her ich,
Auguschdus häß ich un das schweer ich!"

Aa das hott sich schnell rumgesproch,
do sinn die Germane uffgebroch.

Die sinn durch de Rhein geschwumm,
un hann die Palz ihm abgenumm!

Un hann geplärrt: "Fort mit eich Reemer,
meer sin jetzt do, do is viel schääner!

Meer bleiwe do jetzt all beisamme,
un nenne uns jetzt Alemanne!"

Die hodde alles schää gemacht,
was war do in de Palz e Pracht!

Do sin dann neidisch wor die Franke,
die Alemanne saan: "Nä danke!"

Die Franke han se dann veklobbt,
un die Alemanne weggemobbt.

No hunnert Johr, mer heert kä Danke,
geheert die Palz jetzt zu de Franke!

Die Palz war a im Frankereich
es schäänschde vun dem ganze Zeich!

Deshalb hott a de Karl de Große,
Palze baue losse entlang de Strooße.

Sei Enkel hodde sich erumgequeelt,
un hann es Frankereich gedäält.

Kapitel drei

De linke Dääl war Frankreich dann,
un rechts wars deitsche Land entstann.

Un weil die Palz leit dovun in de Midde,
hott's selten gebb bei uns lang Friede.

Stännisch war de Ää mem anner,
uff Krawall un hinnernanner.

„Krie ich net die Palz fer mich allää,
schlaa ich do halt alles klää!"

Zwische Deitsche un Franzose,
ging so manches in die Hose!

Dann sorscht a noch die Relischion,
fer die neggscht Eskalation!

Prodeschdande (Hugenotte),
duun sich mit de Kreizkepp klobbe!

Hinneno, do gebbt´s nix mäh,
un die Palz war nimmie schää.

Un no dreißisch Johr lang Kriesche,
duut die Palz vor sich hie siesche.

Sie hann se widder uffgebaut,
un nochemol gabuttgehaut.

Dann kommt noch die Revolution,
mit ihrm Kriesch, mer kennt das schon.

De Napoleon hinneno,
is iwwer de Rhein gezo.

Bei Leipzisch hann sem gebb fers Knurre,
die Palz hodder hergebb mit Murre.

In de Zeit vum Biedermeier,
hann ausgeruht sich die Befreier.

Un hinneno, do hann se gleich,
gegrindt es zwädde deutsche Reich.

Das hat nur verzich Johr gehall,
do kam de neggschde große Knall.

Sie hann die Welt gesetzt in Brand,
un sinn doch allegaa verwandt!

Die Menschhääd is äfach nur bleed:
die Erkenntnis, die kommt schbeed!

Die Pälzer warn bei dem Geschiss,
stännisch hie- un hergeriss!

Nodem der Kriesch ging in die Hose,
hann besetzt se die Franzose.

Do hann se kenne nix droo mache,
un hann bloß gesinnt uff Rache!

Im Adolf hann se dann nom Maul
geplärrt,
zwölf Johr hott´s dausendjährisch Reich
gewährt!

Un weil se widder hann de Kriech velor,
die Palz besetzt, wie schunn zuvor.

Nur waren´s jetzt die Amileit,
un die sinn geblibb bis heit!

Trotzdäm, so lang wars do noch nie so
friedlich,
un´s Läwe in de Palz so lieblich!

Meer wisse net, wie gut´s uns geht,
un wie schnell die Zeit vegeht!

Es Läwe is doch viel so korz,
dass dich stännich drickt e Forz!

Meer Pälzer sinn e Schlaach vunn Leit,
geprägt durch die Vergangenheit!

Jeder hott sei Beschdes gebb,
mancher war hinnerher de Depp.

Die verschiedene Natione,
hann gepräschd Generatione.

Die Leischdunge vunn unsre Ahne,
solle uns noch heit gemahne:

Die Palz, die war´s zu alle Zeite wert,
dass mer se besonnerschd ehrt!

An Läwensluschd und Schäänhäät reich,
gebbt´s uffem Globus kää Vegleich!

Die Menschhäd

Meer Mensche sin vum Gotteswerk die
Kreenung!
Zuminneschd is das unser Määnung.

Meer menne, Gott hott uns gemacht,
stehn driwwer iwwer all der Pracht.

De liewe Gott, der leit schun richdisch,
meer halle uns fer forchtbar wichdisch!

Nur mit uns hat die Schöpfung Dauch,
so is das seit`s uns gebbt schun Brauch!

Un all die ganze Relischione,
die sinn allegar net ohne!

Ob Judde, Moslems oder Krischde,
vum Friede duun die all berichte!

Egal, ob viele oder änner Gott,
de Mensch, der kennt nur ä Gebot:

De mei is besser als wie deiner!
Mei Relischion, die is viel feiner!

Un wenn du mennscht, du stehschd do
driwwer,
zieh ich dir ääfach änni iwwer!

Wenn du saaschd, de Glaawe is dir
läschdisch,
machschd du dich allemol vedächdisch!

Nur Glaawe gebbt Sesammehalt,
un stärker is mer mit Gewalt!

Vun Friede is in de Geschischde,
ziemlich wennisch se berischde.

Es hott sich immer schun geziemt:
nur mit Kriesch werschd du beriehmt!

Mit Glaawe un de richdsche Waffe,
mei Bu, do kannschd du alles schaffe!

De Krischd, de Moslem un de Judd,
schlaan sich seit dausend Johr gabudd.

Jed Mool is e annerer owwe uff de Leiter,
so komme mer doch niemols weiter!

De Fortschritt zeicht sich bei de Waffe,
so wars schun frieher bei de Affe:

Hot de Nachbaraff e schääneri Fraa,
hann ich ne halt gabuttgeschlaa.

Die kam dann gäre in mei Höhl erin,
weil ich jo so fortschrittlich bin!

De Alde duud se schnell vergesse,
bei mir gebbt`s aa es besser Esse!

Die is dann gäre bei mir blieb,
un mer han ausgelääbt de Trieb!

So is das immer weitergang,
un ball warn mer de greeschde Stamm.

Zum Schluss warn mer die Menscheaffe,
un hotte immer bessre Waffe!

Geännert hot sich nur de Gang,
un vun de Waffe aa de Klang.

Immer lauder, immer weider,
un Kenner is seitdäm gescheider!

Mer froot sich bei der ganze Mieh,
wo fehrt dann das noch alles hie?

Mer duun uns fleißisch haue klä,
un werre trotzdäm immer mäh!

Hanns net geschafft in de ganz
Geschichde,
uns gescheseidisch zu vernischde.

Alles, was mer hiegriet hann,
is die Nadur gabutt zu schlan!

Die hat kä Chance, sich zu erhole,
jetzt schmelze sogar schun die Pole!

Unsrer Erd geht´s immer schlimmer,
Jo, um weider? Kriesch geht immer!

Mer merges erschd, wanns is zu speed,
un merge net, wie sinn mer bleed!

Un alle Gödder sin der gleiche Määnung:
Die Menschhääd, die is echt die
Kreenung!

Die Juchend

A wenn manches sich veklärt,
heit laaft einisches vekehrt!

Die Alde, so war das schun immer,
finne die Juchend immer schlimmer.

Jeder Alde träämt noch heit,
vun de guude, alde Zeit.

Sellemols warn mer noch jung,
un sin im Wald erumgesprung!

Die Junge heit, die springe net,
außer es gebbt kä Internet!

Die hann völlisch ohne Verstand,
nonstobb es Handy in de Hand.

Vebringe am Rechner Zeit zu viel
mit Zogge un mit Ballerspiel.

Meer hodde frieher drauß geschbielt,
un a schun uff die Määd geschielt.

Heit wäß känner mä gewiss,
ob er net e Gender is.

Gefräät hann mer uns wie ein Schwein,
dass mer krie de Fiehrerschein.

Hoch die Gläser, allah hopp!
Mer sin gefahr im volle Kopp!

Wann in de Näh e Disco war,
dann sinn mer all do hie gefahr.

Was hammer dort erumgezappelt,
un uns mojends uffgerappelt.

Hann allegaa frieh schaffe misse,
heit leie se bis middach in de Kisse.

Aus denne Junge soll was werre?
Wer das glaabt, der duut sich schnerre!

Gescheiwwer unsrer Generation
klingt eierie faschd wie de Hohn!

Jetzt hall emol de Balle Flach!
Ihr Wääsch finne die Junge aach.

Wo gebt´s dann heit noch Kinner viele
die wo mitennanner spiele?

Heit misse beide Eltre schaffe,
un Geld genung sesammeraffe.

Viel saan, (zum Glick sinns net die
meischde):
Meer kenne uns kä Kinner leischde!

Un die Ansprich sinn gestie,
das kriet Mancher nimmie hie.

Beruf, nei Audo, neies Haus,
mit de Familieplanung isses aus.

Un wer heit doch noch Kinner kriet,
der kummt so ääfach nimmie mit.

Uff TikTok un uff Instagram,
gebbt´s nur noch de perfekte Mann!

Immer jung un schää un kräftisch,
do mitsehalle, das is hefdisch!

Die Mäd vun heit hann´s a net leichder:
schenner, toller, schlanker, reicher!

Beruf, Haushalt un Mann un Kinn,
hann perfekt im Griff se sinn.

Das, was mer sieht uff Instagramm,
sin Leit, wo äfach alles hann!

Woher das kommt, das froot sich kenner,
mer sieht nur: Der dort hat´s viel
schänner!

Was ich hann, is nur halb so schää,
was der hat, das gefallt mer mäh!

Kenner froot, ob das gewiss,
mem Filder net verännert is.

Un, ob dem sei ganz Geschiss,
iwwerhaabt die Wohret is!

Bevor die Babys heit was saan,
wolle die e Handy hann!

„Die Mamme guckt enin de ganze Daa,
das muss ich hann, das will ich aa!"

Die fehre uff es greeschd Geschrei:
gebbschd ne es Handy, is vorbei!

So lerne die als klääne Kinn:
Ohne Handy machts kä Sinn!

Un werrn die greeßer mit de Zeit,
lerne se kenne anner Leit.

De Fake-Account aus Nord-Peru,
is näher wie de Nochberschbu.

Woher solle die Junge wisse,
ob se net grad wern beschisse?

Un nemmsche ne es Handy ab,
vefluche se dich bis ins Grab.

Sie wisse net se unnerscheide,
wie se doch do drunner leide!

Bis in de Schul die okumm sinn,
ziehn se im Bus sich Tik-Tok rin.

Was de Lehrer saat, das macht zwar Sinn,
doch geht nix mäh in die Feschdplatt nin.

De ganze Daa de Kopp voll Zores,
un kenner wäß, was dovun wohr is!

Uff Insta sin se alle reich:
Kohle, Titte, großer Teich!

Daß das Fake is, spielt kä Roll,
das find äfach jeder toll!

„Ich will a emol so sinn!
Scheiß uff Arwed, Fraa un Kinn!"

Wer saat, die hanns ääfach, hat kä
Ahnung.
Ihr Alde, nemme das als Mahnung:

Die Juchend, die brauch viel Verständnis,
Unnerstitzung, Anerkenntnis!

Als Alde werre se uf ihre Weise,
iwwer **ihr** Junge sich es Maul verreiße!

De Parre

Bei uns gelt schun vun alters her:
Wer in de Kerch is, der is wer!

Schun de Pabschd is ganz un gar
unfehlbar!

Was de Parre saat, das hat Gewicht,
das zieht sich durch die ganz Geschicht.

Also gebb kä Widderworde,
gee die kerchliche Konsorde!

„Mei Bu, sei net so iwwerzwerch,
sei froh se diene in de Kerch!

Im Parre helfe, Mess zu diene,
mach doch kä so Trauermiene!"

Der Bu war frieher in de Schul de beschd,
jetzt isser schlechder wie de Reschd!

Frieher war der immer froh gewä,
heit sieht mer gar kä Lache mäh.

In ledschder Zeit, do geht er krumm,
un hat schunn ganz schä abgenumm.

Die Mamme hott, sie merkts schun lang,
de Bu se nerve ogefang:

„Saa mol, was is dann los mit deer?
Was macht der dann es Läwe schwer?"

„Ach Mudder, du, ich däät mich frää,
ich wär kä Kerchediener mäh!

Ich will de Parre nimmie sieh,
do will ich äfach nimmie hie!"

„Ich glaab ich heer awei net richdich!
Messdiene is viel zu wichdich!

Das kannsche emool glei vergesse,
am Sunndach dienscht du in de Messe!

Wääschd du, was die Leit dann denke?
Die Sprich, die will ich mir schenke!

De Parre saat, du wärschd so fleißich,
un er hat dich so gäre bei sich!"

De Vadder: „Wenn mer am Stammdisch
hogge,
krie ich vum Parre ä, zwä Schoppe.

Er lobt uns un dich im heegschde Ton,
ich bin stolz uff dich, mei Sohn!

Die Annere, die sinn all neidisch,
do driwwer frää ich mich geschmeidisch!"

Die Oma saat: „Schreib ders hinners Ohr:
De Parre un die Kerch gehn vor!

Mei Platz is vorre in de erschde Bank,
ob ich fit bin oder krank!

Mei Enkel will ich diene sieh,
mei Borsch, ich warn dich, gebb der
Mieh!"

Was soll der arme Bu nur mache?
Dem is ganz vegang es Lache!

Jede Owend duud er flenne.
An Wenne soll er sich dann wenne?

Er bät zum Jesus un sei Jünger,
denkt am Parre sei zittriche Finger.

Die ne iwweall betatsche,
er schämt sich so, er kennt sich flatsche!

Denkt an die Aue, die ne beglotze,
do werd´s em schlecht, do kennter kotze!

„Ich bin Schuld, ich bin e Sünder,
de Parre maan halt kläne Kinner!

Un was der will, das is schun richdisch,
ich nemm mich äfach viel zu wischdisch!

Wie ich mich verhall, is voll denäwe,
ich glaab, ich will nimmie läwe!"

Er plant sich umsebringe, awwer dann
steht gleich er vor de neggschde Schann:

„Selbschdmörder komme in die Höll,
un dort land ich uff alle Fäll!

Egal, was ich jetzt mache du,
die gewwe ganz beschdimmt kä Ruh!"

De Oba hott viel simmeleert,
weil er de Bu naachts heile heert.

Er war de Äänzisch, wo die Sach begriff,
un hott dann Maßnahme ergriff!

Wie all geschloof im ganze Haus,
is der mem Stecke noch mol naus.

Am Samschdach ruft es Parrheim o,
es is e neier Parre do!

De alt hott sich versetze losse,
mer hott gefunn ne in de Gosse.

Jemand hott ne Grie un Bloo geschlaa,
wer´s war, das wollt er Nimmand saa.

Mer hott nix mäh vum geheert,
scheinbar hodder sich scheniert.

De Oba is mem Enkel dann
am Sunndach in die Messe gang.

De neie Parre war phlegmatisch,
doch die zwä warn sich sympathisch.

Am Oofang warn se reserviert,
doch de Bu war engaschiert.

Langsam hodder sich entspannt,
war widder gääre Ministrant.

Un die Annere? Hodde die e schlecht
Gewisse?
De Vadder duut´s Freibier vemisse!

Die Mamme hott im Oba jetzt öfder
noom Maul gekocht;
es hott öfder noo Gefillde geroch!

Nur die Oma hat gemäänt:
„Dass der Parre sich net schämt!

Ääfach vunn do fort se geh!
Sowas finn ich gar net schää!“

Un die Moral vun der Geschicht:
Viel, wo Moral hann, gibt es nicht!

Wenn ich nur in die Kerch geh muss,
dass mer mich sieht, hann ich e Schuss!

Weil´s de Glaawe bestimmt net minnert,
wann mer sich um enanner kimmert!

De Fall (ohne Reim)

Wie de Babbe noch e junger Bu war,
issem ingefall: Heit geh ich uff die Kerb.

Do war e junges Mäde, das haddem gut
gefall,
do hadder aller Mut sesamme genumm,
un gefroot, ob se middem danze will.

Un sie hott jo gesaat!

Un iwwers Danze is aa ihr uffgefall,
dass er ihr ganz gut gefallt.

Wie se hääm hann misse, warn se sich
äänisch:
mer siehn uns widder, uff jede Fall!

So wars dann aa, un weil se so ein
schäänes Paar ware,
sinn se iwwerall wo se samme ware,
uffgefall.

Unn weil se so verliebt ware, hann se ball
geheirat Knall uff Fall.

Sie waren glicklich un net allzu ball isses
jedem uffgefall:
Ihr Beichelche hodd sich gehob.

E prächticher Bu hann se kried,
do war ihr Glick perfekt.

Er hot schunn frieh mem laafe ogefang,
un is e paarmool hiegefall.

Mamme, Babbe, Oma, Oba: was ware se
all so stolz!
Der Bu is ausem rischdische Holz!

Dehääm im Hof, im Kinnergaade un de
Schul:
Immer war er de Erschde. Immer war er
vorne debei.

Dann endlich konnt er sich beweise:
Die Wehrmacht hot ganz Europa
iwwerfall!

Mir brauchen Lääwensraum im Oschde,
uff jede Fall!

Die Eltre ware so indoktriniert,
dasse völlisch unscheniert,
ihr heegschdes Gut, ihr änziches Kind
im Adolf in die Händ geb hann.

Nimmand isses ingefall, se rufe:
„Was mache ihr dann do?"
Dann wär dersell nämlich nimmie do.

Also hott de Bu, wie er mit de HJ ferdich
war,
e richdisches Gewehr iwwer die Schulder
geschlaa.

Do wars awwer schunn zu speet.
Die Front war no sechs Johr Kriesch
sesammegefall.

Vun de LKWs sin uffem Rückzuch
iwwerall
die Gewehre links un rechts erunnergefall.

Dem Bu awwer is nur ingefall:
Ich steh mei Mann uff jede Fall!

Un is beime Feieriwwerfall

gefall.

Die Heimat

Kapitel äns

In de Alpe imme diefe, dunkle Daal
hann se gehaust in Mieh un Qual.

Die Armut war dort riesegroß
sie hann beschloss: „Meer ziehe los!

Fort vun Hunger un dem ganze Elend,
in e annrie, schäänie Geschend!

Die Berje in Tirol sinn schää,
doch do halt uns känner mäh.

Iwwerall uff de Welt is schänner,
in all de annere, ferne Länner!"

Sie ware jung, die Vroni un de Schorsch,
e hübschie Fraa, e fescher Borsch.

Im Daal war fer drei Höf nur Platz gewää,
weider uffsedääle ging net mäh.

41

Die Erschdgeborene duun alles krieh,
de Reschd der Brut muss fort vun hie.

Odder sie gewwe sich ab middem Recht,
fer de Bruder se sinn de Knecht.

E Zukunft hann se fer sich kennie gesieh,
Gerüchte geheert vunn de Palz, do wollde
se hie!

Dreißisch Johr war dort Kriesch gewää,
jetzt wär Friede unn es Land so schää.

De Kriech hott ganze Landstrich verheert,
do suche se jetzt Leit, hann se geheert!

De Pfalzgraf, der hott ganz perseenlich,
geworb defor, un net so weenisch!

Mäh Land, wie mer bestelle kann,
mit Haus un Hof fer Fraa un Mann!

Die alde Baure dort, die wären alle fort,
gefloh vorm Kriesch an e ruhischer Ort.

In Wohred hott vun denne kenner mäh
gelääbt: in Grääwer han se all gelää.

E Bauerläwe war sellemols nix wert,
de Graf wollt nur, dass sich sei Gut
vermehrt.

Wie´s dozu kumm war, is schnell vezehlt:
Die Herre hann um Macht gespielt!

De Winterkeenisch war Prodeschdant,
un wollt mäh Macht im deitsche Land.

Das hott de Kaiser uff de Plan geruf,
der is de Weiße Bersch enuff!

Die Palz un Böhme warn uf ämol
katholisch,
un ganz Deitschland gings jetzt loolisch.

Die Werbung in de Näh war eher
stockend,
doch weiter weg klangs mehr verlockend.

De Schorsch uns Vroni warn in de
rischdisch Position,
sie hodde die rischdisch Konfession.

Sogar de Herzog vunn Zwääbrigge,
duut Werbung mache fer Katholigge!

Kapitel zwää

Wie immer: irschendwo uff däre Welt,
gebt´s Mensche ohne Gut un Geld.

Wammer nur genung versprecht,
macht die Fantasie de Reschd.

De Schorsch, der hott sichs ausgemolt:
mit Mut un Arwed is es Glick ne hold!

Mit de paar Sache, wo se hodde,
un denne paar gesparde Grodde,

sinn se in Richtung vun dem Land
marscheert,
wo Milch un Honisch fließt, wie se
geheert.

Doch was versproch war unscheneert:
Das alles war do ganz verheert!

Kä Haus, kä Hof hott noch gestann,
vewahrlost ware die Gewann!

Als erschdes hann se misse die Gerippe
wo känner mäh begrawe konnt,
verschibbe.

Das Zeich, was noch se gebrauche war,
hodde se schnell sesamme getra.

Äns war klar, de Neuanfang
der werd net äfach, der werd lang!

Vun Oofang o, die ganze Zeit,
gab´s a do nur Schweiß un Leid.

Sie hann gebuckelt un geackert,
hann geeht un hann gezackert.

Hann Stää uff Stää widder uffgebaut,
un sich sogar an e Miehl getraut!

Mit Wasser war die oogetribb,
un hott die Kääre kläägeribb!

Hodde eigenes Mehl gehatt,
un alle Mäuler ware satt!

So langsam hann se Land gesieh,
gelohnt hot sich ihr vielie Mieh.

Es Vroni saat: „Hann meer e Glick,
Ich will jetzt gar nimmie serick!

Unser Wohlstand is bescheide,
was hammer dofoor misse leide!"

Vorsjohr hann se misse zwische Garde
un Heistall ihr klä Kind begrawe.

Sei Mudder hot kä Milch gehatt,
die Kuh war krank, do gings bergab.

Hann misse zugugge beim Verderwe,
s`is nix blibb, wies zu verscherre.

Das alles bei de Arwed neweher,
es Läwe sellemols war schwer!

Un fer se trauere, do war kä Zeit,
das war e harter Schlaach vun Leit.

So isses langsam uffwärts gang!
Die Palz hott allseits sich gefang.

Nei uffgebaut warn die Gehöfte,
un es gab widder Geschäfte!

Kapitel drei

Es waren widder Kinner do,
was war die Obrischkääd so froh!

Die ware als mol iwwerzwerch,
doch neie Schääfcher fer die Kerch!

De Palzgraf war im Kriesch mol schä
im bequäm Exil gewä.

Sei Landvogt hott e Lischd geschribb,
do hott der sich die Händ geribb!

Es war jo widder heegschdi Zeit,
sich was se hole vunn de Leit!

Endlich gings jetzt widder los,
mem schääne Läwe uff seim Schloss!

Die Unnertane misse scherre,
seit alters her fer Kerch un Herre!

Mer wars net annerschder gewehnt,
mer war nur mit em Land belehnt.

47

Un wasses vum Land se hole gebbt,
das hodde die schnell abgeschrebbt!

Was ging de Adel jemols an
die Sorje vun dem klääne Mann?

Zwä Generatione warn im Kriesch
veschwunn,
das hott die Herrschaft leicht verwunn!

De Landmann haut mer, wo mer kann
schunn seit jeher in die Pann!

Trotzdäm: Meer Pälzer, meer sinn stolz,
dass meer sinn aus diesem Holz!

Meer hann in guter Zeit un Not
gerackert fer es täglich Brot.

Starke Fraue, stolze Männer
Die Palz, die werd nur immer schänner!

Drum denke immer dro, ihr Leit:
E rechtes Daachwerk macht gescheit!

Die Pälzer sin kä Volk wo bummelt,
un wo annere beschummelt!

Fleißich, ehrlich un gesellich,
wenn a manchemol rebellisch.

Gewachs in dausend Johr Gewalt
is unser Zusammehalt!

Un fer die neggschde dausend Johr.
hammer noch mol soviel vor!

Mer wäß net, was es Läwe bringt,
klar is, mer krien das hie bestimmt!

Ich wünsch uns Pälzer, Bu un Mäde
noch weiderhin ein geiles Läwe!

Die nei Welt

Kapitel äns

In de Biedermeierzeit,
hann sich ingericht die Leit.

Die Welt war sellemols noch klään,
mer hott sich´s schää gemach dehääm.

Jeder wollts fer sich beschaulich,
Bollidigg war schwer verdaulich.

De Metternich hott feschdgestellt:
S´ werd alles widder hergestellt!

Un zwar so, wie´s frieher war:
Die Herre owwe, das is klar!

Un kenner hott sich do gewehrt,
das hott sich äwe so geheert.

Jeder hott die ledscht Epoche
wo nur Kriech war in de Knoche.

De Napoleon war iwwer de Rhein
gewetzt,
un hott näwebei die Palz besetzt.

Vorbei wars mit de Kläästaaterei,
die Zollstatione warn entzwei.

Mem Hannel wars schnell uffwärts gang,
doch die Frääd, die halt net lang.

Viel pälzer Buwe hann se mitgenumm,
fer Frankreich sin die umgekumm.

Am Ofang war de Franzmann noch
Befreier,
doch die Freihäät, die war deier!

Wie die Befreiungskriesche ogefang,
is Bruder gesche Bruder gang.

Die wo fer Frankreich hodde misse in de
Kriesch,
die hodde gar nix mä nom Siesch.

Die Schuld, die han se kried allää,
wie sollde die noch kumme uff die Bä?

Ihr Zukunft do war klä geschla:
Do sinn se no Amerika!

Ihr Brieder do hann widder uffgebaut,
was de Kriesch gabuttgehaut.

Jeder wollt nur äns: Kä Ärjer.
Jetzt war die Zeit vum Biedermeier!

Äni Generation war Ruh,
doch die Juchend driggd de Schuh!

Die Gedange vun de Revolution warn
noch do,
do sin se uff die Barrikade gezo.

Zwanzisch Johr Friede sin genung,
die Jugend braucht Verännerung!

Vum Hunsrick bis ins Wasgau nin,
die Obrischkääd haut voll erin.

Die Demokradie war gabutt geschlaa,
also uff zum Unkel no Amerika!

Kapitel zwä

De Onkel iwwerm große Teich,
saat, „Kumm nur her, do wersche reich!

Do gebbt´s Land fer allegaa,
fer Kind un Mann un aa die Fraa.

Do werd kenner mä verfolgt,
do herrschd Demokradie im Volk!

Memme bissje Glick un viel Elan,
bischd du ball ein gemachter Mann!“

Die Palz war domols bettelarm,
do wannert aus e ganzer Schwarm!

Vun Owwerstä bis no Zwäbrigge
sinn se ab faschd wie die Migge.

Wie die do driwwe okumm sin,
midde in die Slums erin,

sinn se erschd mol hängeblibb,
die Hoffnung, die war iwwertribb!

Erschd langsam hott mer sich gefang,
un war voller Tatedrang.

Mit Kind un Keschel un de Oma,
sin se ab no Oklahoma!

Uff der ganze lange Streck,
hott so mancher kriet die Freck.

E paar Indianer warn noch do,
die sinn ne mudisch hinneno!

So mancher Planwaa, manchie Scheese,
hann se ogegriff, die Beese!

„Warum sin die bloß so feindlich?
Meer Siedler sin doch arisch freindlich!

Awwer gut, wann ihr Balaawer wolle,
ihr kenne ne eich gäre hole!

Wenn ihr menne, meer mache jetzt noch
kehrt,
dann hann ihr eich mol schää geschnerrt!

Meer hann schun viel uff uns genumm,
sinn iwwer de Atlantik kumm.

Un sinn de Weg no hinnewedder
dohergezo bei Wind und Wedder!

Uff uns wart dort es schännschde Lääwe,
jetzt geht beschdimmt nix mäh denäwe!

Jed Rothaut, wo mich dovun abgehalt,
die hott ich äfach abgeknallt!

Mei aldi Heimat, die hann ich verloss,
wer zwische mir un de nei steht, werd
erschoss!

Un mei Kinner sinn noch klää,
in zeh Johr denkt an eich kenner mäh!

Die negschd Generation werd do groß,
Indianer sin dann Erinnerunge bloß!

Die Kinner krien verzehlt, wie bees die
ware,
in alle schlechte, dunkle Farwe!

Dass Kenner männe muss, mer misse,
wääl denne hann e schlecht Gewisse!

Un wer vunn eich jetzt immer noch is iwwer,
hockt in unserm Flääsch wie e Schliwwer!

Un e Schliwwer zieht mer raus,
dann is Ruh, un aus die Maus!

Un außerdäm hott das gebott,
genau so unser liewer Gott!

Meer sin die, die wo rechtgläubisch,
alle annere sin räudisch!

Un middem liewe Gott im Rigge,
duun meer eich in de Jagdgrund schigge!"

Do wars vorbei mem wilde Weschde,
Die Amis sin seitdem die Beschde!

Predische vunn Moral un liewem Gott,
die Ureinwohner, die sin doot.

Queerdenker

In Saarbrigge hodden sich ledschdens zwä
Transe getroff un gemennt, sie sinn
wunnerschä.

„Wo kommst Du her, mein Schätzelein?"
„Ei vom schönen deutschen Rhein!"

„Du sprichst gar nicht pfälzisch, wie kann
das denn sein?"
„Ich wohne schon lange nicht mehr bei
daheim."

„Die Vorderpfalz gefiel mir nicht mehr,
Drum zog ich vor vielen Jahren hier her.

Und Du? Wie saarländisch hört sich das
auch nicht an!"
„Ich wohne erst hier seit ich wurde ein
Mann.

Ich komme von hier, doch Platt ist mir
fremd.

Ich konnte es mal und hab mich
geschämt."

Sie hodde noch lang un brääd
dischbediert,
un iwwer die Dialekte sinniert.

Do komme se beide zum Schluss:
Ein Dichtercontest, nur so zum Jux!

„Ich, Ich, Ich, Ich fange an!
Ich bin die Lady und Du bist der Mann!"

Sie guggt sich um un lähnt sich serigg:
Un merkt: Sie sinn uff de Bismarckbrigg!

Wie aus de Bischdol schiessts aus ihrm
Genick:
„Ich stand auf der Brigg und sah eine
Migg!"

„Ha, das kann ich besser! Pass auf und
oho:
Ich stand auf der Brücke und steckte mir
den Finger in den Po!"

„Aber das reimt sich doch gar nicht!"
„Nein, aber es dichtet!"

Deitschland, du Land der Dichter und
Denker!

Wenn zwää Queere denke und dichte,

entstehe Querdenkergeschichte!

Annerschd

Kapitel äns

Sei Kindhääd, die war ganz geweehnlich,
er war sefriede un aa freehlich.

Hott ganz normale Interesse,
un duut sich gär mit Annre messe.

So langsam isser greeßer wor,
un manches kommtem annerschd vor.

In Kino, Fernseh, Illuschdrierde,
duuschd du als Bu mit Määd bussiere.

Er denkt sich, in die Pubertät,
kommt er äfach eher spät!

Weil, sei Sehnsucht no de Frau,
die war immer schunn sehr mau.

Zum Nochberschbu, zum Frank,
hodder geschbeert e Drang.

Sie hann sich immer gut verstann,
bis der hott e Freindin dann.

Is eifersichdisch uff das Määde wor,
das Ganze kummtem komisch vor.

Er denkt, ich bin net normal,
wenn ich net so bin wie all.

Un annerschder is selten gut,
weil mer net zugeheere duut!

Hott geheert vum Unkel Karl,
wo Gott sei Dank im Kriech gefall.

Der war fer die Bagaasch e Schann,
weil der uff Männer hott gestann!

Die hann Geschichde ihm verzehlt,
wie se de Unkel hann gequeelt.

Als Kind is der gedachdelt wor,
un rumgezerrd an seine Hoor.

Sei eichner Vadder saat zum Bu:
„Du geheerschd nimmie dezu!"

61

De Mamme warn zwar Träne kumm,
doch hott´s ne net in Schutz genumm!

Wie der war in de HJ,
hodder Schlää kried all Gebott.

Als Soldat gingsem net besser,
stännisch kam er unners Messer!

Sie hann es Lääwe ihm vergällt,
als Schwuchtel in de Männerwelt!

Un wann er noch so tapfer war,
sei Freinde ware arisch rar!

Fers EK warer zwar geschlaa vor,
dann awwer vunn de Lischd gestrich wor.

Warsche offen homosexuell,
bische ins KZ kumm schnell!

Dieses Schicksal stand em wohl bevor,
bis er vor Stalingrad erfror.

„Der war e dunkler Fleck in de Familie!"
saat noch heit es alt Otilie.

Seiner eischne Schweschder war´s egal,
was der hott durchgemacht fer Qual!

Kapitel zwä

Die Geschischde hotte unser armer Hans,
verunsichert voll un ganz.

Er war sich schun ganz frieh im Klare:
„Do kann ich mich net offenbare!

Mei Familie helft mer net,
die mache meers genauso bleed!"

Mit seinem Leid is er allää,
un das is werklich gar net schää!

Immerhie, er war sehr gläubisch:
Doch in de Kerch war´s eher räudich!

Die Ministrande hann verzehlt,
dass de Parre Buwe queelt.

Er duut se iwwerall betatsche,
un hallsche net, duut er dich flatsche!

Er halt de Leit es ganze Johr,
ihr ganze viele Sünde vor:

„Nur die Ehe feehrt zum Himmelreich,
de Reschd is alles Lumbezeich!

Un die Ehe, die hääßt Fraa un Mann,
weil´s in de Bibel hott gestann!

Un wer veschdooßt gä die Gebote,
der soll in de Höll verrotte!

Die Schwule sin gä die Nadur!
Normal is die Familie nur!“

Un trotzdäm hodder, alt un faldich,
klääne Buwe vergewaldicht!

Die Kerch als moralischie Inschdanz,
die hott versaat do, voll un ganz!

Wieviel Kinner, wo „normal“ sinn,
sinn mit de Zeit vefall im Wahnsinn?

Sie hodde Nimmanden gehatt,
der bei ne steht mit Rat un Tat.

Weil: Die Kerch hat immer Recht,
wer das bezweifelt, dem geht´s schlecht!

Wer saat, dass Parre wäre sündich,
dem werd de Beistand schnell gekündicht!

Un iwwerleet der sich´s net dann,
werd der beleet mem Kerchebann!

Die Sach hott funktioniert schunn immer,
besonnerschd gut bei klääne Kinner!

Also: Beim Hans seim Seelepein,
macht die Kerch es Herz net rein!

Er hott sich dann entscheide misse,
wie´s weidergeht mit seim Gewisse!

„Es ganze Lääwe mich verstelle,
nur dass eer krien eier Wille?

De Kopp gesteckt in de Sand eninn,
das kann´s doch werklich wohl net sinn!

Will ääfach nur in Friede lääwe,
un net mich fiehle voll denääwe!

Ich hann jetzt lang genung gekuscht,
un hann mer das net ausgesucht!

Ich bin halt mol so, wie ich bin,
krien das in eier Kopp eninn!

Wann eich das immer noch net basst,
dann mache eich do druff gefasst,

dass ich net länger bin de Buhmann,
dann will vor eich ich äfach Ruh hann!"

Er hat sei Leit dann unscheniert,
mit dem Thema konfrondiert.

Un siehe da: die allermäänschde,
die saan: "Du bischd de allerschäänschde!

Meer hann doch immer schunn gewisst,
dass unser Hans e Schwuler is!"

Annere hann lang gebraucht,
die stande ääfach uffem Schlauch.

Un wiese sich berappelt hodde,
hann se oogefang mit Zoode:

De schwule Babbegei mit de verschissen
Stang,
un dass schwule Schwarze e langer hann.

Dass Schwule so auf ihre Weise,
aa forze kenne, awwer leise.

Un mit Humor geht alles leichter:
De Michel saat: "Du, Hans, ich beicht der:

ich hott aa mol was memme Mann,
das is werklich heit kää Schann!"

Die Quintessenz, die hott gelautet:
„De Hans hot endlich sich geoutet!"

Un in de Kneip zu später Stunde:
Do rufts: „Hoch lääwe unser Tunte!"

Das hodder werklich net gedenkt,
das war fer ne es greeschd Geschenk!

Un weil sich das hott rumgesproch,
dass endlich das Tabu gebroch,

do geht de Dieter in die Offensive,
un find mem Hans die große Liebe!

Seitdäm sinn die sesamme glicklich,
so langsam sinn se schun recht dicklich.

Ich frää mich mit denne wie e Boll,
wenns immer so äfach wär, wärs toll!

Meer zwä

Kapitel äns

.

"Willsche noch e Kaffee hann?"
Er nickt, doch er hott nix verstann.

Sie schenktem in, er siehtse net,
guckt erscht, was in de Zeidung steht.

Schiddelt de Kopp, weil die Welt so bleed
un wääß: Sei Theme intressiere sie net.

Sie is net se hann fer die groß Bollidigg,
nur in de Regionaldääl werft se e Blick.

„Ich hann noch Gummere im Garde."
„Holschd se nohin, ich mach Roulade."

Sie sieht net guud un laaft gebickt,
bei ihm gebbt´s nix, das was net zwickt.

De Ää geht krumm, de Anner lahm,
sie wisse, was se ananner hann!

Denn trotz aller Vergesslichkäät:
Was zehlt, is die Verlässlichkäät!

Geht a mol ebbes in die Hosse,
sie kenne uffenanner sich verlosse!

Sie guggt ne o, betracht ne lang:
„Do hann ich mer was ogefang!"

Er guggt serick, sie misse lache:
„Ich däät´s nochmool genau so mache!

Mer macht ferdisch, was mer oogefang,
mei Schatz, ich hoff, es geht noch lang!"

„Meer sin die zwä, wo Musigg mache
glaab:
De Ääne blind, de Anner daab!

De Blind froot: "Sinn die Leit schun
gang?"
De Daab: „Hammer schun oogefang?"

Er widderholt sich noch un noch,
un jedes Mol, do lacht se doch!

Sie hodde sich fers Lääwe gefun,
noch heit sin sich die zwä genung.

E Lääwe voller Mieh un Frääd,
net äner Daa duut beide lääd!

„In guude wie in schlechte Daa".
Der Spruch, der is schnell uffgesaa!

Doch das, was do dezu geheert,
das hann se speeder erschd kabeert!

Sie sinn sich beide noch im klare:
„Wääsche noch, wie jung meer ware?"

Er war frieher voll im Saft,
wusst net wohie mit seiner Kraft!

Hott selten gebraucht sei Verstand,
immer mem Kopp durch die Wand!

Uff Rotschlääch hodder wennisch gebb,
un war oft genung de Depp.

Wischdich war: Die Ärmel hoch,
un immer saufe wie e Loch!

Un stännisch raache wie e Schlot,
er war noch ganz weit weg, de Doot!

Sei Lääwe hott kä diefer Sinn,
er lääbt nur in de Daa eninn.

„Ich hott mer nie was saa geloss,
dann hann ich mich in dich verschoss!

Du warschd so schää un a so zierlich,
un sellemols wie heit manierlich!

Ich hott dich ämol nur gesieh,
schunn war mei Bockischkäät dohie!

Ich bin rechdzeidisch abgeboo,
nur wääl dir, das macht mich froh!

Nur bei deer fiehl ich mich rischdisch,
un kenner is wie du meer wischdisch!"

Kapitel zwä

Rückblickend isses immer schää,
doch war´s net immer äänerlää!

Was war die Lieb am Ofang groß!
Doch das hott ball schunn noogeloss.

E Zeit lang hott mer nur geschwebt,
hott fer de Anner nur geläbt!

Die Gedange ware all
im Anner vor die Fieß gefall.

Vor Verliebthäät war mer bleed,
es hott sich nur um äns gedreht:

Mer wollt sich nur am Anner reiwe,
uns stännisch mitenanner treiwe!

Das war schun e geilie Zeit,
immer nur die Zweisamkeit!

Wenn ebbess schää is voll un ganz;
mit de Alltäglichkäät veblasst de Glanz.

Un so hott se Mol um Mol
de Alldaach langsam ingehol.

Mer war dann wennischer intim,
doch dodefoor e guudes Team!

Allää, do kommt mer meischd net weit,
se zwätt se geh, is mäh gescheit!

Mit vier Händ un zwä Gehälter,
do verännert mer die Welte!

Un mer schafft sei eigenie,
se zwätt, do kriet mer viel mäh hie!

Sie hott öfder zum gemännt:
„Wie schää wärn eigene vier Wänd!"

Er mennt, dofoor muss mer ne lowe:
„Das Ganze muss mer erschd mol
prowe!"

So vernünftisch war er immerhie:
„Ich denke schunn, meer krien das hie;

Bis jetzt warn mer im sibbte Himmel,
doch manchmol suchschd du in de
Krimmel!

Meer hann alle zwä Marotte,
dich steern zum Beispiel mei Klamotte.

Ich derf mei Hemde un mei Hosse
nimmie äfach leie losse.

Du bisch äfach zu pedantisch,
das steert mich an deer gigantisch!"

Regelmäßisch krien se Krach,
wenn se samme werre wach.

Die Liebe, die is uff de Flucht,
vor Rotzaue un Mundgeruch!

Die Zoobaschda steht uff de Spitz,
de Klodeckel, der is vespritzt!

Es rappelt, wenn er zu ihr saat:
„Du brauchschd ewisch lang im Bad!"

Bis sie is schää, is er schun weg,
un sie steht ganz allää im Dreck!

Muss ufframe, es is e Graus,
eb se geht es Haus enaus.

De Arwedsdaa is voller Zores,
wenn se hämkommt, hat se Mores.

Sie will ne stännisch umerzieh,
un das koschd se ganz viel Mieh.

Er denkt, er hat nix mäh se melle,
die Alt duut eh nur middem schelle!

Um dem Balaawer zu entfliehn,
geht er in die Kneip enin.

Das werd mit de Zeit zwar deier,
awwer dort fiehlt er sich freier!

Das gebbt noch mäh Balaawer dann,
sie fange sich ball o se schlaan!

Stop! Rufe se dann alle zwä,
so kann das net weiter geh!

„Meer krien uns stännisch in die Wolle,
obwohl mer samme bleiwe wolle!

Entwedder duun mer uns jetzt trenne,
oder uns an jemand wenne,

der uns saat, wie´s weidergeht,
odder ob´s net schunn is zu speed!“

„Heer uff, mich ännere se wolle,
un ich geh ab jetzt in die Volle!

Ich gebb mer jetzt dehääm mäh Mieh,
Ich hanns vesproch: Meer krien das hie!"

Un so isses werklich kumm,
sie hodde Ricksicht mäh genumm!

Hann sich Gedange mache misse,
iwwerm anner sei Bedürfnisse!

Un was beide heit noch wisse:
Sesamme, das hääßt Kompromisse!

Geschafft, gespart, sich dann getraut:
Sie hodde sich e Haus gebaut!

Kapitel vier

Egal, wie viel mer do vorher studiert,
die Nerve wern do ramponiert!

Noch Känner hott nom Bau gesaat:
„Bei meer ging immer alles glatt!"

Noch in de Planung hodde se gewisst,
dasse schun ganz schä schwanger is!

Jetzt warn se middedrin im Läwe:
Stännisch ging jetzt was denäwe!

Architekt, Frauearzt un Bauarbeiter:
Das war´s mit de Karriereleiter!

Bauamt, Estrich, Zimmerei,
mit Zweisamkeit isses vorbei!

Aller Widrichkäät zum trotz:
Sie hann sich net unnerkrie geloss,

Es Kind, das war gesund dann kumm,
es Haus hott Forme ogenumm.

E rischdischie Familie warn se dann,
jetzt wars Zeit, fer Dank se saan:

„Gott sei Dank is das iwwerstann,
ohne die Baggaasch wär das net gang!

Meer hätte uns sicher bucklich geschafft,
ohne eich, die bucklich Verwandschaft!"

Drei Kinner waren´s mit de Zeit,
un all gesund geblibb bis heit!

Kinnergarde, Grundschul, Elternabend:
Familie halt: Erquickend und labend!

Kapitel fünf

Un iwwer denne ganze Stress
hann die zwä sich ganz vegess.

Mit Kinner un em Haushalt im Palaschd,
war sie vollkommen ausgelaschd.

Er war jetzt uff de Arwed mäh:
Es Haus zahlt sich net vun allää!

Arwed, Kinner, Schulde, Haus:
Uff ämol geht er näwe naus.

Es hott sich äfach so ergebb gehatt:
Er hott´s ihr hinnerher gesaat.

Es kläänschde Kind noch in de Krippe,
un schunn steht alles uff de Kippe!

Sie geht mit de Kinn zu ihre Leit,
das war e ganz schä schwerie Zeit!

„Du hoscht´s meer am Altar vesproch,
un hoscht dei eischnes Wort gebroch!

Grad, wo mer ferdich sin mem baue,
wie soll ich deer dann noch vertraue?"

Ihr Eltre saan: „Es is net leicht,
awwer er hat´s der jo gebeicht!

Un sowas kommt es ganze Johr
in de beschd Familie vor.

Er hat doch a sei guude Seite:
In guude wie in schlechte Zeite!"

Sie sieht vor sich die ganz Geschicht,
wenn se ziehe vor Gericht:

Was se samme uffgebaut,
werd dort uff de Kopp gehaut!

Ganz egal, wie die entscheide:
Die Kinner misse drunner leide!

Er froot se un duut sich scheniere:
„Solle mers nochmool probiere?!

„Vun mir aus, doch ich saa deer heit:
Nochmol Vetraue, das braucht Zeit!"

Un so versuchen se´s erneut,
sie hat´s bis heit noch net bereut!

Eer Leit, so is das mit de Liebe:
Erschd regiere nur die Triebe.

Doch die Liebe un die Luft
die sinn irgendwann verpufft!

Sturm un Drang,
das halt net lang!

Es Läwe kann mer nur bestreite
als guudes Team zu alle Zeite!

Es Eheverspreche is nix wert,
wenn ich net mache als Mol kehrt,

un froo mich, was ich mit dem nur will?
Ich iwwerlee un bin ganz still:

Dann fallt mer alles widder in,
warum ich mit dem samme bin!

„E guudes Team die ganze Johr,
Schatz do lieb ich dich devor!

Meer han die ganz Zeit funktioniert,
un gesieh, wohie das fiehrt:

Um guude un um schlechde Zeite,
duun se all uns heit beneide!"

De Hoogelmann

Schunn in de ganze Schwangerschaft,
hott sich die Mamme uffgerafft.

Kä Zeit gehatt fer rumsehogge,
hat misse no ihrm Haushalt gugge.

Wenn sich die Geschwister schlaan,
fangt se middem Schelle an.

Un hann die widder ogefang,
droht se middem Hoogelmann!

Schun sinn se merklich ruhischer wor,
do hodde se Reschbekt defor!

Im Bauch hott der das schun geschnallt:
De Hoogelmann, der hat Gewalt!

Wann er mem Strample ogefang:
„Heer uff, ich ruf de Hoogelmann!"

Do ware glei die Fießcher still,
net schlecht, dieser Erziehungsstil!

Un wie er kumm is uff die Welt,
do hott sich alles uffgehellt!

Sei Aue, die duun freudich funkele,
er war lang genung im Dunkele!

Er duut die Mamme sich betrachte,
muss jetzt im Freie iwwernachte!

Im Bauch, do war es Lääwe schää,
bei seiner Mudder in de Näh!

Bei de Mamme isser gäre,
un geht se, fangt er o se plärre!

Un wenn er net glei Ruh gebbt dann:
„Ich rufe glei de Hoogelmann!"

„Do gebb ich liewer ganz schnell Ruh,
weil ich denne kenne du!

Wie der aussieht, wääß ich net,
awwer ich hann vorm Reschbekt!

Bei dem muss vorsichtisch mer sinn,
der fresst bestimmt aa klääne Kinn!

Mit meer is jetzt noch net viel los,
awwer wart, ich werre groß!"

Fers Erschde hat´s halt misse lange,
middem Brabble osefange:

„Babba, Mama, Fraa un Mann",
es neggschde war de Hoogelmann!

„Hoogelmann, Hoogelmann!
Endlich kann ich denne saan!"

„Hoogelmann" vunn frieh bis schbeed,
im Babbe werd das ball so bleed.

„Hallschd du net ball die Leier aa,
ruf ich im Hoogelmann sei Fraa!

Dem sei Fraa, die maan kä Kinner,
dem sei Fraa, die is viel schlimmer!

Die verbiet der schää de Frack,
die hat de Hoogelmann im Sack!

Un gebbschd du immer noch kää Ruh,
steckt se dich in de Sack dezu!"

De Klää denkt no un iwwerleet,
wie das wohl sesammegeht?

„Mei Mamme is liewer als wie e Mann,
bei der kann ich se Trinke hann!

Die is immer do fer mich,
un macht nur selten dumme Sprich!

De Vadder is do annerschd wohl,
denne nemm ich net fer voll!

Was der verzehlt de ganze Daa!
Wahrscheinlich gebbt´s kää Hoogelfraa!

Un wenn, hat die beschdimmt e Wanscht,
vor der hann ich beschdimmt kä
Angscht!“

Dann fangt er mit seim Hoogelmann,
widder laut se singe an!

Un sei Mamme lacht sich schepp:
„Vadder, du bischd echt e Depp!

Ins Gehern geschiss hat aa,
deer im Hoogelmann sei Fraa!

Ämol haschde, dumm wie Brot,
unserm klääne Pans gedroht!

Das is schief gang ferschderlich,
der find dich nur noch lächerlich!

Wenn ich jemand drohe will,
dann mach ich das halt mit Stil!

Mach ich nur laufend leere Drohunge,
fehrt das schell zu Verrohunge!

Der duut dann immer noch net heere,
un ich mussem ännie schmeere!

Un werd der greeßer irgendwann,
fangt er o, serick se schlaan!

Un das will doch werklich kenner:
mei Hoogelmann, der is viel schänner!

Un de Babbe kriet de Grind,
mit Hoogelmann un –Fraa un -Kind!

Ä Läwe

Kapitel äns

De Oba hoddem als verzehlt,
was fer e Mann im Lääwe zehlt:

Redlichkääd un Strebsamkeit,
ehre seit jeher die Leit!

Net nur Schutz vunn Fraa un Kinn,
er hott die Obrichkäät im Sinn!

Do driwwer, uffem heegschde Stand,
hätt se steh es Vaterland!

Voll Ehrfurcht werd er immer leiser:
weil er gedient fer Reich un Kaiser!

Er war debei, wie se´s Reich geschmied hann,
in de Schlachte bei Spichern un Sedan.

Es zwedde deutsche Kaiserreich;
an Ruhm un Ehre warn die Reich!

"Ich war net älder als wie du,
heer, was ich deer vezehl, mei Bu:

Mer hann zu Bayern do geheert,
de deitsche Bund hot do regiert!

Ich hann mich freiwillich gemeld,
un hann gewisst, ich werr e Held!

Meer ware jung un ware mudich,
mei liewer Mann, war das so bludich!

Meer sin vorreweg marscheert,
die Inschlääch hann uns net gesteert!

Die Granate sinn geschnerrt,
un um uns rum explodiert!

Ringserum ware gefall,
mei beschde Kamerade all.

Meer paar, die wo noch iwwrisch ware,
hodde gestermt de Schitzegrawe!

Meer hann die Stellung uffgerollt,
de Franzmann hott sich schnell getrollt!

Do war e groß Verwirrung do,
meer sinn ne mudich hinneno!

Meer hanne hinne nin geträät,
un uns iwwer de Siesch gefräät!

Seitdäm werd mem Triumph geprahlt;
der is mit unserm Blut bezahlt!

Un meer hann uns net geerrt,
unser Kaiser war das wert!

Kaiser, Volk un Vaterland,
sinn de Deitsche heegschder Stand!

Un dann noch die Gebietsgewinne:
mem Elsass un mit Lothringe!

Un voller Stolz, mei Bu, do strahl ich:
in de Geschischd war das einmalisch!"

Kapitel zwä

"Jo, Vadder, komm, die Leier kenne meer,
bloß is das schunn lang, lang her!

Die große Zeite sinn vorbei,
de Kaiser is uns einerlei!

Du bischd heit e alder Mann,
un meer lääwe in de Schann!

Dei Bu wollt nur so sinn wie ehr,
un hott gekämpft fer Rum un Ehr!

Er is wie fünf Millione ball,
fer Kaiser un es Reich gefall!

Dei Ruhm, der is heit nix mäh wert,
dei Bu, mei Mann, der is vescherrt!

Un unser Ehr, die is veletzt,
seit de Franzmann uns besetzt!

Was irgendwo vun Wert mol war,
das hann se mit sich fort getraa!

Meer hann nix mää, wie vunn Daach zu Daach
se lääwe misse mit der Schmach!

Dei Sohn war so e Held wie du,
un was hadder jetzt devu?

Leit in Verdun de Erd ihrm Schoß,
hott uns allää serick geloss!

Er war so e guuder Mann,
ich däät ne gääre widder hann!

Es Lääwe so allää, das is kä Spaß,
was meer nur weiterhelft, is Hass!

Mei Bu, du muschd meer vespreche,
du muschd de Dood vum Vadder räche!

Es is e Ungerechtischkääd,
uns so se sieh, das duut mer lääd!"

Kapitel drei

In der Umgebung is er uffgewachs,
mit dreizeh war der schunn e Schlacks!

Mit Deitschland war´s nur abwärts gang,
sunschd heert er nix, sei Lääwe lang!

Bis gee die ganze loolische Vermittler,
sich hott durchgesetzt de Hitler!

Die Mamme saat: "Ach Gott, Matthias,
der do, das is de nei Messias!

Der halt wennischdens, was er saat,
ich glaab, denne wähl ich aa!"

De Oba hott korz vor seim Dot,
im Enkel mitgebb noch e Root:

"Sei immer tapfer, immer mudich,
un wann´s a manchemol werd bludich!

Steh immer gradlinich dei Mann,
du muschd räche unser Schann!"

Uff äämool isses uffwärts gang!
Un in de Zeidung hott gestann:

Meer mache jetzt so, wie meer wolle!
Un: Freier Bauer uff freier Scholle!

Jetzt war mer plötzlich widder wer,
un war die Arwed noch so schwer!

Sie ware Baure uffem Land,
das is e ehrenwerter Stand!

De Adolf, ei der macht wie wild,
hott Schlag uff Schlag die Schmach getilgt!

Der Bu, der war sofort bereit gewää,
wie Oba un Vadder in die Armee se geh!

Es Läwe, das war gleichgeschalt,
noo un noo fer Jung un Alt!

Die Zischeiner und die Schereschleifer
hinneno,
uff ämol warn die nimmie do!

Seit altersher fallt´s uff fruchtbarer Bodde:
Die greeschde Feinde vunn all, das sinn
die Judde!

Die wo geschder beschde Freind gewä,
uff die hodd mer heit geschmiss mit Stää!

Was zehlt is de Sesammehalt
im deitsche Volk, das gebbt Gewalt!

„Meer brauche Lääwensraum im Oschde,
ganz egal, was das soll koschde!"

De Adolf hott mit Drohe un Verstand,
angegliedert es Sudeteland!

Un korz denoo, mer glaabt´s net gleich,
die Ostmark hämgeholt ins Reich!

„Mit dem Mann, do is alles meechlich,
die annre Länner sinn all kläglich!

Meer sin Arier mit deitschem Blut!
Mem Adolf, do werd alles gut!"

Die Junge hodde all Gebot,
Kriesch gespielt in de HJ.

Abweichler hott mer gezähmt,
un an Gehorsamkäät gewehnt!

Bischde vum rechte Wääg abkumm,
warsche im Laacher dann veschwunn!

Heit saan se: „Die hodde doch die Wahl!"
Doch sellemols war das legal!

Die ganz Justiz war umgekrempelt,
un uff de Adolf umgestempelt!

Ball hott sich kenner mäh gewehrt,
mer hott gewisst, was dann bassiert!

Mer leischd nimmie uff Gott de Eid,
nä, uff de Führer un es Reich!

Mit riese Uffmärsch un Parade,
hott mer hochgelobt de Lade!

Die Junge hott mer ungeniert,
als Herremensch indoktriniert!

Kapitel vier

Ohne ämol nosefroo,
sinn se in de Kriesch gezo!

De Polefeldzuch hott gezeicht:
Mer war bereit fers Frankereich!

Fer meechlich hott mers net gehall:
In sechs Woche war das gefall!

No de Parade uff de champs elysee,
hott Käner äner Zweifel mäh!

Un de Matthias denkt sich ball:
„Oba, mei Verspreche hann ich gehall!"

Voller Stolz schreibt die Mamme gleich:
„Es Grab vum Vadder is jetzt dehääm im
Reich!"

Un dann hott se noch gemennt:
„Wenn das de Oba siehe kennt!"

In dem Tempo isses weiter gang,
kä Land hott gewehrt sich lang:

Norweeche, Balkan un die Grieche,
hann misse sich de Wehrmacht fieche!

In dem ganze Iwwerschwang,
is mer gee die Russe gang!

De Adolf saat, de Endkampf misste
mer fehre gee die Bolschewiste!

De Weg no Moskau war so schää
korz uf de Lännerkart gewää!

Doch im Herbschd hott sich gezeit:
in Werklichkäät, do is das weit!

Die Wehrmacht war fer Pole schää,
awwer fer Russland viel zu klää!

Do hodde se sich iwwernumm,
un mer hott ne gefang genumm!

Kenner hott sich getraut se spreche,
iwwer de Wehrmacht ehr Verbreche.

Wenn mer de Kriech gewunn hätt noch,
hätt dovun Känner mäh gesproch!

Die Russe hotte dovun nix vegess,
die Gefangene hoddes verschiss!

Verhungert is mer un erfror,
in Gefangenschaft fer ball zeh Johr!

Kapitel fünf

Die Wennische, wo häämkumm sinn,
sin in e anner Land enin!

Im deitsche Land, do gebbt´s kä Helde,
Soldate hann nix mäh se melde!

Sie hann gehannelt uff Befehl,
dehääm macht mer do drauß kä Hehl:

Vor zeh Johr noch e Soldat, e fescher!
Heit is er e Kriegsverbrecher!

Er hott geheirat sei Maria,
un kää Wort mäh vezehlt vunn frieher,

was mer erläbt hott un gemach,
zu groß war allgemein die Schmach!

Die Sieger hodde Deitschland uffgedäält,
vum Großreich, do war mer gehäält!

Es deitsche Reich, mer wird ball err,
jetzt BRD un DDR!

Millione hodde gar nix mäh,
sie hodde e Heisje, wenn a klä!

E Hitlerheisje mit Fenschderlääde,
un groß gezoo dodrin zwää Mäde.

„Fraa, ich bin froh, dass du kä Buwe
kriescht,
die Mäd, die schickt uns känner in de
Kriech!

Erschd in de viert Generation,
werr mer hoffentlich verschont!"

Er schafft un is es liebscht dehääm,
als Junger hodders nie bequem!

Sei Oba, er hott´s nie verstann,
der war e Held sei Läwe lang.

Er un sei Vadder hann nix anneres
gemach,
un hodde nix wie Dood un Schmach!

Wie es Läwe halt so spielt:
Manchmol treibt´s es Schicksal wild!

Die Junge heit, wo alles hann,
die plääre stännisch vunn der Schann,

die se wääl ihne hann, das wär net schää:
Sie ware net debei gewää!

Annere Zeide, annere Sitte akzeptiere,
das werd die Juchend nie kapiere!

Un bis die langsam das versteh,
lääbt vunn de Alde kenner mäh!

Als aldem Mann war ihm vergönnt,
mitzuerlääwe, dass was mol getrennt,

no 45 Johr vereint wor is,
no iwwer hunnert Johr Geschiss!

Er hott nur äns gewünscht sich fer sei
Määde:
dass se bloß in Friede lääwe!

Inhaltsverzeichnis

© 2023 Andreas Schwarz
Herstellung und Verlag:
BoD – Books on Demand, Norderstedt
ISBN: 9783758306662